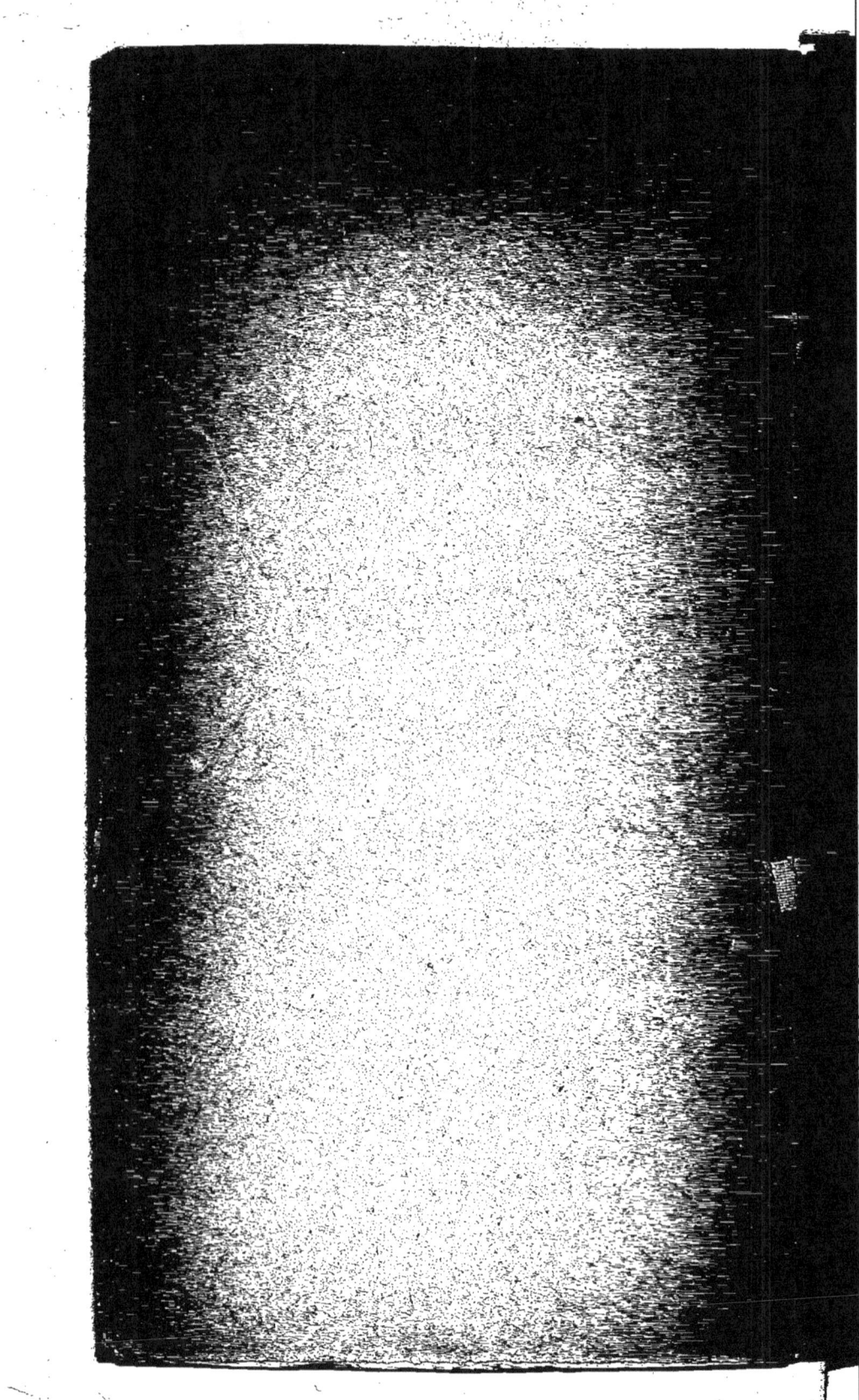

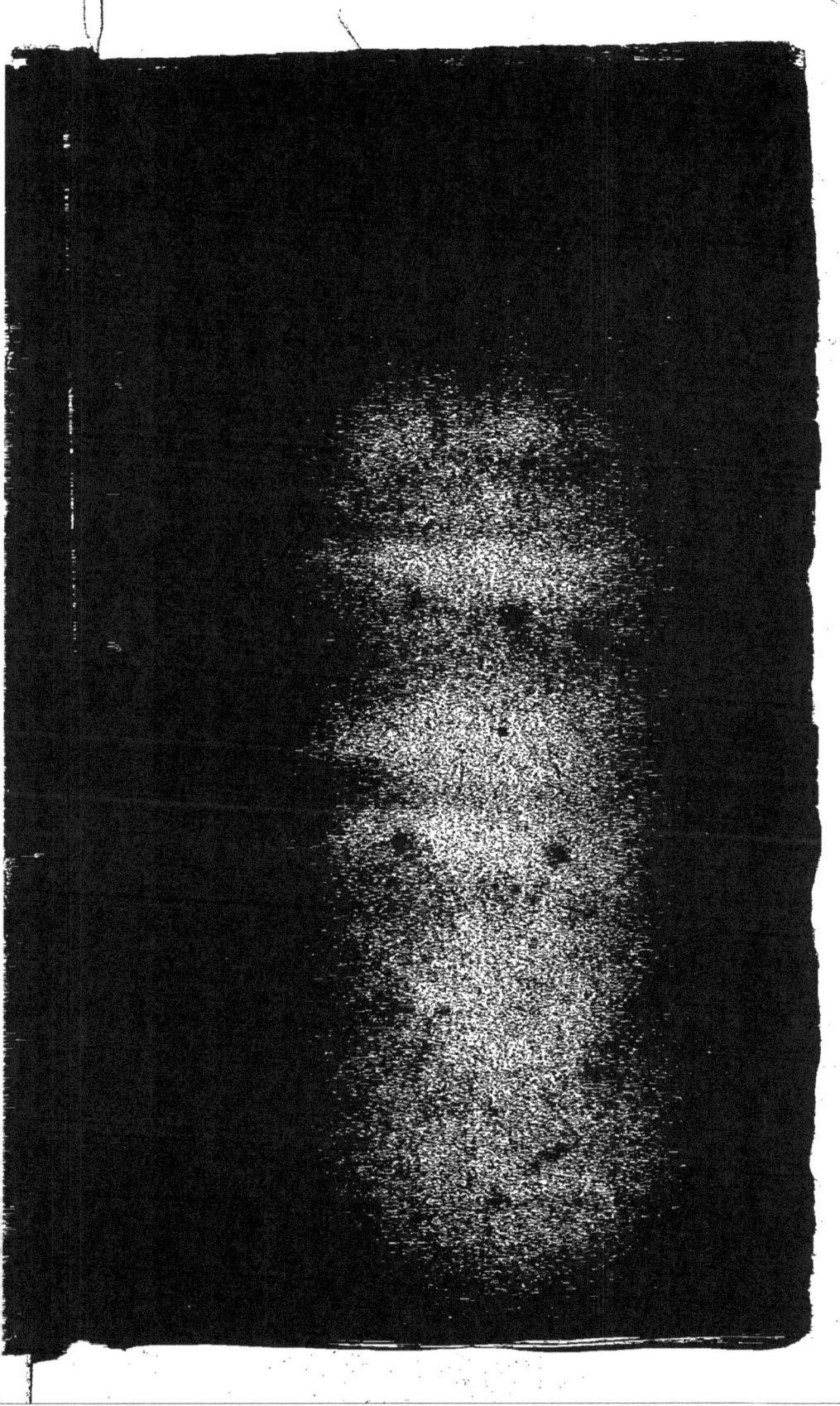

CATALOGUE

DE

DESSEINS,

ET ESTAMPES.

DES PLUS GRANDS MAISTRES

DES DIFFÉRENTES ÉCOLES.

Cette Vente se fera le 27 Février trois heures de relevée, sans discontinuation, rue Poupée, la seconde Porte-cochere à gauche en entrant par la rue Haute-feuille, au second Appartement.

Par PIERRE REMY.

A PARIS,

Chez DIDOT, l'aîné, Libraire & Imprimeur, rue Pavée, la première Porte-cochere, en entrant par le Quai des Augustins.

M. DCC. LVIII.
Avec Approbation & Permission.

AVERTISSEMENT.

CE Catalogue renferme deux Collections différentes.

Dans la premiere sont des Desseins & des Estampes, réliées & en feuilles, dont le plus grand nombre est très estimable par la beauté des Epreuves & la belle condition.

A ces avantages, on a joint la propreté & l'agrément ; car la plûpart de ces Estampes sont collées sur papier d'Hollande, avec des filets d'or & des lignes à l'encre de la Chine. Les Desseins sont lavés de différentes couleurs, & on a eu pour eux le même soin que pour les Estampes.

Pour faire connoître les Estampes & Desseins qui sont ajustés, ainsi qu'il est dit ci-devant, on a mis une étoile proche de chaque numero.

Ceux qui voudront être certains des Estampes de Rubens ou de Rembrandt, qui se trouvent dans cette Collection, pourront consulter le Catalogue de Rubens, fait par M. Hecquet, Graveur, & celui de Rembrandt, composé par Gersaint, & mis au jour par les Sieurs Helle & Glomy : pour faciliter ces recherches, on a indiqué les Pieces de ces deux Peintres, par des numeros qui renvoient aux deux Catalogues des Estampes d'après eux.

La deuxieme Collection ne contient que des Estampes en feuilles; elle appartient à une Direction de Créanciers.

Le choix de beaucoup de morceaux de ces deux Collections, doit faire desirer aux Amateurs, de suivre le cours de cette Vente. Ils peuvent se flatter d'y trouver du rare & du parfait.

AVERTISSEMENT.

Afin que toutes les Vacations méritent l'attention des Curieux, on diſtribuera dans chacune d'elles des objets intereſſans; chaque jour on vendra des Eſtampes des trois Ecoles, des Deſſeins & des Volumes d'Eſtampes reliées.

TABLE

AVERTISSEMENT, Page iij
DESSEINS, 1

ESTAMPES.

Ecole d'Italie, 7
Ecole des Païs-Bas, 27
Ecole Françoise, 35
Estampes des trois Ecoles, 45
Livres d'Estampes, 49
Appendix, 52
Estampes appartenantes à une Direction de Créanciers, 53

CATALOGUE
DE DESSEINS ET ESTAMPES
Des plus grands Maîtres des différentes Écoles.

DESSEINS.

* 1. DEux Desseins faits à la plume, lavés de bistre : l'un représente Notre-Seigneur guérissant un Malade, par *Jerôme Mucian de Bresse*; l'autre, deux Athlétes qui combattent ensemble : Apollon préside à leur combat, & en attend la fin pour couronner le vainqueur.

* 2. L'Assomption de la Vierge, Dessein d'une riche composition, fait à la

A

DESSEINS.

plume & lavé de bistre, par *Louis Carrache*.

3. Neuf Desseins de *Françafini*, & deux Adorations des Rois, dont une par *Cangiage*.

4. Vingt-cinq Desseins de *Françafini*.

* 5. Quatre Desseins coloriés par *Jacques Jordaens*, dont Neptune sur les eaux. Ce Dessein fait l'effet d'un tableau.

* 6. Trois autres Desseins aussi coloriés, par *Jacques Jordaens*, dont une Sainte Famille dessinée très agréablement.

* 7. L'enlevement de Proserpine, fait à la plume & lavé à l'encre, & un autre Dessein lavé de bistre, tous deux par *Goltzius*.

* 8. Quatre Desseins de différens Maîtres, dont un représente deux pistolets, enrichis de beaucoup d'ornemens & figures.

* 9. Six Desseins de *Clas Moyaert*, Maître de Berghem, de *Rollandt Savery*, & autres.

* 10. Onze desseins de différens Maîtres, dont plusieurs coloriés.

* 11. Deux Portraits, dont celui de l'Arétin, d'après le Titien, peint au pastel par *Charles Coypel*.

* 12. Quatre Sujets agréables, dessinés aux craïons noir & blanc sur papier

DESSEINS.

bleu, d'après M. Boucher, par un de ses bons Eleves.

* 13. Deux grands Païsages & vues de Mer, peints à *gouazze* par *Pierre Patel*. 2.

* 14. Un Païsage en hauteur, peint aussi à *gouazze*, par le même Maître. 8. 19.

* 15. Trois Desseins à la sanguine, dont un Païsage par *Joseph Paroſſel*, & une Recréation champêtre par *Debarre*. 4.

* 16. Trois Païsages, dont un à la sanguine par M. *Boucher*, & un autre à l'encre d'un très grand fini par *Poiſſon*. 6.

* 17. Trois Desseins très riches de composition, dont un lavé de bistre par *Boitard*. 6.

* 18. Trois Desseins très agréables, dont le triomphe de Bacchus, fait à l'encre lavé de bistre, par *Chaperon*. 5. 18.

* 19. Quatre Têtes, par *Corneille* & *Boulogne*. 5. 4.

* 20. Trois belles Têtes, dont deux au pastel. 3. 1.

* 21. Trois Académies par Mrs *Cochin*, *Marot* & *Natoire*. 3.

* 22. Cinq Têtes & Bustes par *Dumoutier*, Frere *André*, & autres. 6. 16.

* 23. Six Desseins d'animaux, faits aux craions noir & blanc sur papier bleu, par *J. B. Oudry*. 9.

A ij

DESSEINS.

18.   *24. Six Desseins de *La Fosse*, *Stella*, & autres.

4   18 *25. Quatre Desseins de différens Maîtres.

2.   1 *26. Le Buste d'un jeune Homme par *Dumoutier*, & une Tête par *Simonneau*.

3.   *27. L'Enfant prodigue aux pieds de son Pére: dessein fait au fusin par M. *Restout*.

9   6 28. Sept Oiseaux étrangers & un Chien, peints à *gouazze*, coloriés avec art.

6.   29. Neuf Desseins de plantes & fleurs coloriés à *gouazze*, par *Josué de Grave*, & autres.

8   30. Treize Oiseaux, Animaux & Plantes dessinés au craion noir sur papier bleu, & trois études peintes à huile par différens Maîtres.

5   10 31. Vingt-un Desseins de différens Maîtres.

5   32. Vingt-sept Desseins de différens Maîtres, & deux Esquisses peintes à l'huile, dont une d'après Rubens.

4.   33. Trente-trois Desseins de différens Maîtres.

8.   34. Seize Académies de *Le Brun*, *Jouvenet*, & autres.

15. 12. 35. Trente Desseins, dont vingt sont très proprement & savamment des-

DSSEINS.

sinés à la mine de plomb par *Simonneau*, ils sont d'après les Tableaux d'Eustache le Sueur, que l'on voit dans le Cloître des Chartreux: cet Artiste avoit fait ces Desseins pour les graver, ce qu'il n'a point exécuté.

36. Vingt-sept Desseins de différens Maîtres, & l'Histoire de Joseph en vingt pieces, par *Aubriet* — 15 1.

37. Trente Desseins de différens Maîtres. — 1 12

38. Le Portrait de François de Troye, & celui de Jeanne Cotelle son Epouse, par *De Boouys*. Ces deux Desseins sont aux craïons noir & blanc, d'un grand fini & d'un bon effet, ils sont très bien conservés. — 12 19

39. Vingt-sept Desseins, dont plusieurs belles Têtes au pastel, d'après *M. Pierre*. — 5

40. Quarante-cinq Desseins, dont plusieurs belles Têtes peintes à l'huile. — 2 13

41. Quarante-huit Desseins de différens Maîtres. — 8 19

42. Trente-six Desseins de *Guerard*, & autres. — 2 10

43. Trente-cinq Desseins de différens Maîtres. — 3 1.

44. Douze Desseins, dont une Etude du *Carrache*. — 2 7

A iij

6 DESSEINS.

1. 8 45. Trente-neuf Desseins de *Francasini*, & autres.
1 18 46. Trente-cinq Desseins de différens Maîtres.
4 6. 47. Vingt Desseins de composition, faits au fusin & craion blanc sur papier bleu, par *Verdier*.
3 10 48. Vingt autres Desseins du même Maître.
3   49. Vingt, *idem*.
3.   50. Vingt, *idem*.
3   51. Vingt, *idem*.
3 10 52. Quatre-vingt Desseins de différens Maîtres.
13 ? 53. Huit Desseins de *Lynders*, & autres, & deux Etudes de Batailles, par *De la Rue*.
3   54. Cinq Desseins, dont un portrait de Femme, par *Le Padouan*.
14   55. Trois Desseins coloriés par *Uleugels*, un *Stella*, & un portrait très fini, par *Nanteuil*.
7 l. 56. Vingt-trois Desseins de différens Maîtres, dont un joli Païsage peint à gouazze.
4 5 57. Quatre Desseins, dont deux de M. *Cochin*, les deux autres par *Eysen*.
   ⎰ 58. Quatre Vases de fleurs, coloriés très proprement.
19 l. ⎱ 59. Une très belle feuille de papier des

DESSEINS.

Indes où sont représentées deux figures.
60. Deux autres, *idem*, sur chacune desquelles est une figure.
61. Cinquante-deux feuilles de papier des Indes, représentant des travaux Chinois, Païsages & Fleurs.
62. Un Porte-feuille rempli de Desseins de différens Maîtres, qui seront divisés en plusieurs parties.

ESTAMPES.

ECOLE D'ITALIE.

Michel-Ange Buonaroti.

*63. Le Jugement dernier, avec le Portait de Michel-Ange dans un ovale au haut de la Planche; piece extrêmement rare.

Un autre Jugement dernier différemment composé, au bas est écrit : *Rodolphe II. Rom. Imp. &c. 1576.* Ces deux Estampes sont gravées par

A iiij

8 ESTAMPES.

Martin Rota; elles font très belles épreuves & d'une grande conservation.

Raphaël Sancio d'Urbin.

26 7. * 64. La Sainte Famille, gravée par Edelinck; épreuve parfaite avant les armes.

48 4.* 65. Une Sainte Famille gravée par François de Poilly, première épreuve avec les armes & le titre latin (c'est la dix-septieme de l'œuvre de Crozat). Une autre Sainte Famille par Nicolas de Larmessin; première épreuve avant l'inscription (c'est la vingtieme de Crozat). Le silence de la Sainte Vierge, gravé par Poilly; première épreuve avec les armes & les deux vers latins (c'est la vingt-neuvieme de Crozat); ces trois pieces diftinguées font rares à trouver auffi parfaites que le font celles-ci.

4 1. 66. Trois Massacres des Innocens, gravés à Rome, dont un par Vouillemont: une Sainte Famille par Cherubin Albert, & une autre par Rousselet; ces cinq Estampes font anciennes & belles épreuves.

7. 67. La petite Peste; David coupe la tête de Goliath: ces deux estampes

ECOLE D'ITALIE.

font gravées par Marc Antoine.

68. Le Jugement de Paris, le Parnaffe, le Maffacre des Innocens, & le *Quos Ego*, par Marc Antoine. RA-PHAEL. 12 1.

69. Cinq Eftampes gravées par Marc Antoine; favoir, la Cêne, la Vierge à la longue cuiffe, les cinq Saints, Sainte Cecile, & une defcente de Croix. 6.

70. Six Eftampes gravées auffi par Marc Antoine, dont Alexandre qui fait ouvrir des tombeaux. 4.

71. La Carcaffe, gravée par Marc Antoine, & la même eftampe par Auguftin Venitien. 7.

72. Deux Epreuves d'une Bataille connue fous le nom de la Bataille au petit couteau, dont une imprimée fur papier bleu; elles font gravées par Marc Antoine. 7.

73. Six Eftampes gravées par Marc Antoine & Silveftre de Ravenne, dont Mercure, l'Amour & les trois Graces; ces deux pieces font de la Loge de Chizi. 3. 6.

74. Dix Eftampes, dont entre autres le Songe de Raphael. 4.

75. Les Loges, gravées par I-B. en quarante-cinq pieces, très bonnes épreuves. 2.

ESTAMPES.
Différens Maîtres.

8.   76. La Transfiguration d'après Raphaël & la Descente de Croix, de Daniel Ricciarelli de Voltere ; ces deux belles estampes sont gravées par Dorigny.

9.   77. Huit Estampes, dont l'enlevement d'Europe & la Bataille des Amalecites, par Bonazone ; très belles épreuves.

6.   78. Seize Estampes d'après Michel-Ange, Parmesan, l'Espagnolet & Guerchin.

4.   79. Trois Estampes qui sont, Adam & Eve, gravée par Baudet, premiere épreuve avant l'écriture ; la Communion de Saint Jerôme par Frey, toutes deux d'après le Dominiquain, & le Baptême de Jesus-Christ, d'après l'Albane.

6.   80. Cinq Estampes, dont une d'après le Titien, & deux d'après Paul Veronese.

2.   81. Neuf Estampes de Marc Antoine, dont trois de sa premiere maniere, la petite Peste d'après Raphael s'y trouve avec le nom de *Salamanque*.

6.   82. Vingt Estampes de J. Bonazone, Silvestre de Ravenne & autres.

17.   83. Dix-sept Estampes d'Eneas Vicco, Augustin Venitien, & autres Maîtres,

dont plusieurs sont très belles épreuves.

Allegri, surnommé Le Correge.

* 84. L'*Ecce Homo*, gravé par Augus- 16
tin Carrache; cette épreuve est de toute beauté & d'une extrême conservation.

* 85. La Vierge, l'Enfant Jesus & Saint 20
Jean : cette Estampe est gravée par Spierre; elle est avec le petit arbre qui a été ajouté dans le fond du Païsage.

86. Neuf Estampes, dont la Nativité 6
gravée par Mitelli.

Différens Maîtres.

* 87. Une Annonciation inventée & 19 1.
gravée par Frederic Baroche d'Urbin; épreuve admirable.

88. La Vierge, l'Enfant Jesus & Sainte 9 15
Martine, d'après Pietre Berettini de Cortone, gravée par Spierre.

* 89. La Vierge tenant l'Enfant Jesus 12 2.
sur ses genoux : cette agréable Estampe est gravée par Smith, d'après Barthelemi Schiedon; elle est parfaite épreuve.

90. Dix Estampes d'après le Parmesan, 9 5.
gravées par Carolo, Bonazone, & autres.

*91. Une Sainte Famille, gravée par Corneille Bloemaert, d'après Annibal Carrache.

*92. Le Prete-Jan, Roi d'Ethiopie, très rare; & le petit Comédien, gravés par Augustin Carrache. Ces deux estampes sont très belles épreuves.

*93. La Nativité, gravée par Poilly, premiere épreuve avant les Anges qui se voient ordinairement au haut de l'Estampe, (No. 5, page 66 du Catalogue de François Poilly par M. Hecquet), très rare; & une fuite en Egypte aussi premiere épreuve, avant le titre (N°. 6 page 66 du même Catalogue); ces deux Estampes sont d'après Guido Reni, dit le Guide.

94. Quatre autres Estampes du Guide, dont la même Nativité avant les deux Anges, la Chasteté de Joseph, d'après Luc Jordaens, par Desplaces; en tout cinq Estampes.

95. La Mort de la Vierge par Bloemaert, & six autres Estampes, dont cinq gravées par *Pasqualinus*; toutes sept d'après Jean-François Barbieri de Cento, dit le Guerchin.

*96. Les Pelerins d'Emaüs, d'après Titien Vecelli, par Masson, épreuve ancienne.

97. Cinq Estampes inventées & gravées 16
par Joseph de Ribera, dit l'Espagnolet; bonnes épreuves.
98. Neuf Païsages d'après Jerôme Mucian, dont huit gravés par Corneille Cort. 7. 4

Jean-Laurent Bernin.

* 99. Saint Jean prêchant dans le Désert, & la Multiplication des Pains; ces deux Estampes sont gravées par Spierre, elles sont parfaites épreuves. 6 7.
* 100. Trois Estampes, dont le Christ en Croix suspendu sur les Eaux, gravé par Spierre: les deux autres le sont par Mellan. 8.
101. La Chaire d'après le Cavalier Bernin, par Spierre; & trois Estampes du même Maître. 11. 2

La Belle.

* 102. Le Reposoir, épreuve de toute beauté. 24 2.
* 103. Le Pont-Neuf, première épreuve avant la girouette. 36 1.
104. Les quatre Elémens, les Caprices en treize Pieces, compris le titre; une suite de Sujets Militaires en onze Pieces; vingt-un Païsages de forme ronde; six grands Païsages en hau- 20 1.

teur ; le Départ de Jacob ; la Bataille des Amalecites, & treize Païsages, par Colignon ; en tout soixante-dix Estampes.

Différens Maîtres.

3 10 105. Seize Païsages, d'après le Titien & autres, très beaux d'épreuves.

4 10 106. Douze Estampes gravées en bois d'après Titien & Joseph Scolari, par *Boldrinus Vincentinus*, & autres Maîtres.

16 5 107. Cinq Estampes d'après Paul Caliari Veronese, dont les Nôces de Cana en deux feuilles, & le Repas chez le Pharisien en trois feuilles, par J. Saenredam, bonnes épreuves.

6. 108. Trois Estampes d'après le Tintoret, gravées par Augustin Carrache ; savoir, le Saint Jerôme, Mercure & les Graces, la Paix & l'Abondance.

4 11. 109. Trois Estampes d'après le Titien, & quatre d'après Tintoret, dont une Nativité gravée par *Carolus Saccus Papiensis* ; belle épreuve & peu commune.

16 L 110. Deux Epreuves de Psyché & l'Amour, d'après Alexandre Veronese, gravées par Smith, dont une avant le linge ; elle est rare.

ÉCOLE D'ITALIE.

111. Seize Estampes d'après Bassan, dont une Nativité, une Adoration des Rois, la Laitiere, les trois Cuisines, les quatre Saisons, &c. Cette suite est interressante, elle compose toutes les Pieces que Sadeler a gravées d'après ce Maître.

112. Les douze Mois de l'Année d'après Stephanus, par Sadeler, épreuves anciennes.

113. La Samaritaine gravée par Carle Maratte, d'après Annibal Carrache, & l'Aumône d'après le même, par Guido Reni.

114. Saint François de Vannius, la Vierge dans un croissant de Ligoli, le Couronnement d'épines, un Repos en Egypte, la Chaste Susanne, la petite Nativité, & l'Enfant Jésus sur les genoux de la Vierge tenant un oiseau. Ces sept Estampes sont gravées par Annibal & Augustin Carrache.

115. Treize Estampes de Louis & Annibal Carrache, dont plusieurs gravées par ces deux Maîtres.

116. Dix Estampes originales & copies dont plusieurs de la suite des petites Femmes du Carrache.

*117. Saint Jerôme, d'Annibal Carrache, gravé par Augustin Carrache; beau d'épreuve.

ESTAMPES.

6   1. *118. La Cène d'après *Livius Forline-tanus*, parfaite épreuve.

6   1. 119. Sept Eaux-fortes de Carle Maratte, & trois Estampes d'après ce Maître.

7   19 120. La Vierge avec l'Enfant Jesus & Saint Jean, d'après Baroche par Smith; premiere épreuve avant que les doigts de l'Enfant Jesus aient été racourcis.

4   18 121. Cinq Estampes de *Livius* & Paul *Farinati*.

3   122. Quatre Estampes, dont une Nativité d'après Cherubin Albert.

4   6 123. Treize Païsages inventés & gravés par Gio. Fran. Grimaldi Bolognese, & sept d'après le Carrache.

3   124. Vingt-deux Païsages; savoir, huit d'après Titien, douze d'après *Crescentio*, & deux par François de Neve.

3   10 125. Vingt-six Païsages d'Herman Van-Suanevelt.

6   16. 126. Vingt Eaux-fortes, du Guide, & cinq d'après ce Maître.

20   5 127. La Ste Famille gravée par Smith, d'après Carle Maratte; belle épreuve.

5   15. 128. Quatorze Estampes d'après Lucas Penni, Pompeius Aquila, Vespasian, & autres.

3   16 129. Douze Estampes, dont plusieurs d'après Titien.

ÉCOLE D'ITALIE. 17

130. Onze Estampes d'après Bassan, gra- 4
vées par Sadeler & Van-Kessel.
131. La Résurrection des Morts, en deux 8
feuilles par Georges le Mantuan, parfaite épreuve; cette Estampe est rare
à trouver belle.
132. Dix Estampes de Frédéric Baroche, 7
Procacino, Paul Véronese, & autres.
133. Une grande Estampe en trois feuil- 3 6
les d'après Jules Romain, par Diana,
& six Estampes anciennes.
134. Dix-huit Estampes du Parmesan, 3 19
& autres.
135. Dix Estampes d'après Titien, Ci- 9
goli, & autres Maîtres.

ECOLE DES PAYS-BAS.

Albert Durer.

136. Trente-deux Estampes, dont 12 2
la Passion de Jesus-Christ en vingt
Pieces, anciennes épreuves.
137. Adam & Eve, Original & Copie; 17
Saint Michel, & le portement de
Croix, grande piece en hauteur gravée par Sadeler. Ces quatre Estampes
sont très belles épreuves.

ALBERT DURER.

138. Dix-neuf Sujets de Vierge, dont plusieurs sont des épreuves de choix, toutes gravées par Albert Durer, & une par Sadeler.

139. Quatre Pieces, qui sont, le Saint Hubert, épreuve brillante & parfaite, S. Jérôme à genoux, premiere épreuve, le même Saint assis dans son cabinet, & l'Enfant Prodigue.

140. Trois pieces dont la Mélancolie & la Pandore.

141. Vingt-une petites Pieces interressantes.

142. Dix autres Estampes, dont le Cheval de la Mort, & une petite Piece d'après Albert Durer.

143. Quatorze Portraits gravés par Albert Durer, Hollar, Kilian & Sadeler.

144. Le Crucifiement, grande piece en hauteur, gravé par Matham, épreuve admirable.

145. Trente-deux Estampes gravées en bois.

146. Cinquante-trois Estampes, dont les figures de la Passion de Notre-Seigneur.

147. Vingt-neuf Estampes gravées aussi en bois.

Lucas de Leyde.

148. Cent huit Estampes, dont la Mariée de village, & autres pieces distinguées.

Recueil des Petits-Maîtres.

149. Cent quarante Estampes de choix, gravées par Hisbens; toutes très belles épreuves.
150. Cent dix Estampes aussi de choix, gravées par George Pentz.
151. Cent vingt Estampes des plus distinguées, par Henry Aldegraef.
152. Deux cent cinq Estampes d'ornemens & Armoiries, par Le Blond.
153. Cent cinquante-huit Estampes de Hieronymus Wierx, Hans Bresanck, André Colaert & autres Petits Maîtres.
154. Cent trente-cinq Estampes, par Stephanus, dont une suite de la Genese, plusieurs autres Sujets & Ornemens.
155. Quarante-deux Estampes d'après Tobie Verhaect, H. Bol, par Jean Collaert & autres.

Théodore de Bry.

156. Trois Estampes, qui sont, le

Triomphe de Bacchus ou le Bacha‑
nal, la Fontaine de Jouvence, & la
petite Foire d'après Holbins.

157. Le Bal Venitien & l'Age d'or;
ces deux Estampes sont très belles
épreuves.

158. Trente-six Estampes, dont plu‑
sieurs interressantes.

Pierre Paul Rubens.

1.* 159. La Chaste Suzanne, gravée par
Paul Pontius (N°. 30. page 7 du
Catalogue de M. Hecquet) superbe
épreuve.

* 160. Jesus crucifié, gravé par Bols‑
wert, (N°. 80. page 21 du même
Catalogue), parfaite épreuve.

* 161. L'Enlevement d'Hippodamie,
gravée par de Bailliu, (N°. 15. pa‑
ge 58 du C. de M. H.) cette Es‑
tampe est rare à trouver belle épreu‑
ve, celle-ci est parfaite.

* 162. La Naissance d'Eresichton, gra‑
vée par Van-Sompel, (N°. 26. pa‑
ge 60 du C. de H.) & Meleagre
qui présente la hure du Sanglier à
Atalante, gravé par Corneille Bloe‑
maert, (N°. 31. page 61 du C. de
H.) ces deux Estampes sont belles
épreuves.

163. Dix-neuf Estampes de la gallerie RUBENS du Luxembourg, anciennes épreuves. 31.
164. Une Elevation en croix, en trois 13 1. feuilles, gravées par H. Withouc, (N°. 71. pag. 20 du C. de M. H.)
165. Le Combat des Amazones, par 5 19 Lucas Vorsterman, (N°. 3. page 68 du C. de H.) cette Estampe est en six morceaux sans être assemblée.
166. Saint Ignace de Loyola, (N° 23. 15 19 page 47 du C. de H.) S. François Xavier, (N° 14. page 45). La Conversion de S. Paul, (N° 114 page 26). Les Peres de l'Eglise & Sainte Claire, gravés par Bolswert, (N° 119. page 27). Les quatre Evangelistes, gravés aussi par Bolswert, (N° 121. page 28), ces sept Estampes sont belles épreuves. *il n'y a que 5 pieces*
167. Une Sainte Famille, gravée par 20 19 Bolswert, (N° 22. page 36). La même Estampe avant le nom de Gillis Hendrick, parfaite épreuve. Une autre Sainte Famille, gravée par Witdoeck, (N° 24. page 36). La Sainte Vierge que l'Enfant Jesus embrasse, (N° 31. même page). Une Sainte Famille, par Bolswert, (N° 35 page 38). Le Mariage de Sainte Catherine,

RUBENS. par P. de Jode, (N°. 14. page 52), en tout sept Estampes.

11. 19 168 Quatre Estampes, qui sont l'Adoration des Rois, gravé par Bolswert, (N° 18. page 11). Le Massacre des Innocens en deux feuilles, (N° 32. page 13). Un Portement de Croix, (N° 69. page 63). Le Christ au coup de poing, (N° 82. page 21) ces trois dernieres Estampes sont gravées par Pontius.

8 3 169. Deux Batailles de Constantin contre Maxence, (N°. 1 & 2. pag. 66). Un Bachanale, gravé par Snyderhoef, (N° 8. page 57) beau d'épreuve. Ixion trompé par Junon, gravé par Van-Sompel, (N° 19. page 59). Venus sur les Eaux, par Soutman, (N° 48. page 64). Le Combat d'Hercule, gravé en bois, par Christoffel Jegher, (N° 12. page 58).

Antoine Van-Dyck.

18 3 170. Samson & Dalila, gravé par H. Snyers, & la Communion de S. Bonaventure : ces deux Estampes sont belles épreuves.

42 1 171. Le Couronnement d'épines, gra-

vé par Bolswert, beau d'épreuve.

* 172 Le Christ mort, les bras posés sur les genoux de la Vierge, deux Anges consternés le regardent, il y a six vers au bas de l'Estampe : *Ille meis quondam pondus*, &c. ce morceau est admirable par rapport aux expressions & à la beauté de la gravure qui est de Lucas Vorsterman, épreuve brillante & parfaite. 32

173 Six Estampes d'après Van-Dyck, dont Renauld & Armide, & une Chasse au Sanglier d'après Snyders, par Zaal. 11-13

Jacques Jordaens.

* 174 Le Roi boit, gravé par Paul Pontius, cette épreuve est belle & brillante. 30

* 175 Un Berger, qui dit des douceurs à une Bergere, gravé par Jacques Neefs : ce sujet est le plus gracieux de l'œuvre de Jordaens. 9 18

176. Six Estampes, dont une Adoration des Rois, une Fuite en Egypte, un Christ en Croix & le Martyre de Sainte Apolline. 8

Rembrandt Van-Rhein.

* 177 Le Portrait de Rembrandt, (N° 12 1.

REM-
BRANDT.

8 du Catalogue de l'œuvre de Rembrandt, composé par Gersaint, & publié par les Sieurs Helle & Glomi), premiere épreuve avec les tailles en différens sens qui se trouve dans toute la partie gauche & dans le haut de la planche. Un autre Portrait de Rembrandt avec celui de sa Femme sur la même planche (N° 24). Un autre en Ovale (N° 28.) & un autre (N° 25).

10 * 178. Cinq Portraits, savoir, un Vieillard à grande barbe (N° 239). Un Portrait d'homme à barbe courte (N° 243). Un Vieillard à grande barbe (N° 242). Un autre à barbe quarrée (N° 245). Un Vieillard avec barbe & calotte (N° 246).

18 1. * 179. Le Portrait du Docteur *Fautrieus* (N° 250) nommé communément le Magicien, premiere épreuve rare, & le Portrait de Jean Lutma, (N° 256).

42. * 180. Abraham France, (N° 253) & *Ephraim Bonus*, Médecin Juif, (N° 258). Ces deux Portraits sont autant beaux d'épreuves qu'on puisse le desirer, ils sont rares.

15 3 * 181. La Grande Mariée Juive, (N° 311) & la petite Mariée, (N° 312).

* 182.

ECOLE DES PAÏS-BAS. 25

* 182. Cinq Eſtampes, qui ſont, une   REM-
Vieille femme aſſiſe dans un fauteuil, BRANDT.
(N° 313). Une jeune fille qui lit, 10 l.
(N° 314) très belle épreuve ; ſix
Etudes de Têtes gravées ſur une même planche (N° 331). Trois Têtes
de femme, (N° 333) auſſi gravées
ſur une même planche, & trois autres (N. 334).

* 183. Adam & Eve, dans le Paradis 8 4
Terreſtre, (No 29), cette Eſtampe
qui n'eſt pas commune, eſt belle
épreuve.

* 184. Abraham qui reçoit chez lui 12
les trois Anges, (No 30). Agar ren-
voïée par Abraham, (No 31). Abraham avec ſon fils Iſaac, (No 32).
Le Sacrifice d'Abraham, (No 33).

* 185 Joſeph récite ſes ſonges à ſon 6.
Pere & à ſes freres, (No 37). Joſeph fuïant les pourſuites de Putifar,
(No 36); cette Eſtampe eſt difficile
à trouver d'accord & brillante com-
me l'eſt celle-ci.

* 186. L'Ange qui diſparoît d'avec 17 l.
Tobie, (No 42). Aman & Mardo-
ché, No 39); ces deux pieces ſont
d'une extrême beauté d'épreuve.

* 187. La Naiſſance de Notre-Sei- 37.
gneur annoncée aux Bergers par les

B

26 ESTAMPES.

REM- Anges, (No 43), cette épreuve est
BRANDT. d'un velouté admirable & d'un accord qui peut satisfaire le Connois-
seur le plus difficile.

10 10 * 188. L'Enfant Prodigue, (No 70).
La Résurrection du Lazare, petite
piece en hauteur, (No 73) Une Cir-
concision, (No 47). La Présentation au Temple, (No 51), & une
Fuite en Egypte, (No 53), en tout
cinq Estampes.

9 19 * 189. La petite Tombe, (No 66),
cette Estampe qui est premiere épreuve, est d'une beauté extraordinaire.

24.   * 190. Notre-Seigneur guérissant les
Malades, (No 75), ce morceau est
connu sous le nom de la Piece de
cent florins.

53 5 * 191. La Résurrection du Lazare, grande piece cintré (No 74).

15   * 192. Les Vendeurs chassés du Temple, (No 69). Le Tribut de César,
(No 67). Notre-Seigneur en croix,
avec les deux Larrons, piece en ovale (No 81). Notre-Seigneur crucifié, (No 82). Les Disciples d'Emmaüs,
(No 91). Le transport de Notre-
Seigneur au tombeau, (No 88) en
tout six Estampes.

78 2 * 193. L'Ecce Homo, (No 83), cette

Estampe, qui est très belle épreuve, est (pour se conformer à ce qu'en a dit Gersaint) avant que la draperie de la figure qui présente le roseau à Notre-Seigneur, ait été éclaircie. *

* 194. La Descente de Croix, (N° 84) 36 7. cette Estampe est avec l'adresse d'*Hendrickus Ulenburgensis*, elle paroît être imprimée des premieres avec cette inscription.

* 195. Les trois Croix ou le Calvaire, 2 6. (N° 80) grand morceau en largeur; c'est l'épreuve où se voit un Homme à cheval vis-à-vis le Larron, qui est à la gauche de l'Estampe : elle est rare.

* 196. Pierre & Jean à la porte du 11 1.

---

* Je crois qu'il y a erreur sur cette décision, parceque j'ai remarqué, que la différence qu'en a fait Gersaint, n'est occasionnée que par un manque d'examen, & que cette différence ne consiste que de la beauté d'une épreuve supérieure à une inférieure ; on ne peut même croire que difficilement, que Rembrandt ait éclairci le côté de l'ombre de la draperie de la Figure qui présente le roseau, il me semble que cela préjudicieroit au bon effet. Ce qu'il y a de très certain, est que dès qu'on voit cette prétendue différence, on est assuré que l'épreuve est belle, ancienne, & qu'il n'est pas facile de la trouver telle.

RÉM-
BRANDT.

Temple, (N° 94) premiere épreuve. Le Martyre de Saint Etienne, (N° 98) & le Baptême de l'Eunuque de la Reine de Candace. (N° 95).

10   * 197. Trois Estampes, qui sont, Saint Jerôme, (N° 100). Autre S. Jerôme, (N° 106) dans le gout de la maniere noire, parfaite épreuve. La Jeunesse surprise de la mort (N° 109).

12.   * 198. Le Petit Orfévre, (N° 119). La Synagogue des Juifs, (N° 122), & la Faiseuse de Koucks, (N° 120). Il est difficile de rencontrer ces trois Estampes, aussi belles épreuves que sont celles-ci.

27   8 * 199. Une Femme dans le bain, (N° 191) premiere épreuve, fort rare, elle est imprimée sur papier de soie. Une Femme nue tenant une fleche (N° 194) rare.

20   * 200. Un Païsage (N° 202). Autre Païsage (N° 225) appellé le Moulin de Rembrandt; cette épreuve est des premieres, & reconnue telle, par rapport à plusieurs tailles brisées en différens sens qui se remarquent sur le fond de celui-ci, & qui ne se trouvent pas dans les épreuves ordinaires. Un autre Païsage (N° 209)

ECOLE DES PAÏS-BAS. 29
nommé les Trois Chaumieres.   REM-
* 201. Un Païsage (N° 219). Autre BRANDT.
Païsage (N° 217), & un troisieme 23   19
(N° 222).
* 202. Le Mariage de Creüse & de 16
Jason (N° 124), épreuve ordinaire
mais très belle. Des Mandians à la
porte d'une maison (N° 170). Le
Joueur de flute (N° 180), c'est la
troisieme épreuve.
203 Vingt-une Estampes de Rem- 16   4
brandt, dont la Mort de la Vierge.
204. Vingt-trois Estampes, dont plu- 12   1.
sieurs de Rembrandt, les autres sont
d'après lui.
205. Vingt-une Estampes, dont le Por- 18
trait de *Wtembogardus*, Corneille
Sylvius & autres.
206 Trente-deux Estampes d'après 16   10
Rembrandt, Van-Vliet, &c.
207 Neuf belles Estampes de Jean Li- 17   19
vius, Van-Vliet & Bool.

Adrien Van-Ostade.

208 Quarante-six Pieces inventées & 52   1.
gravées par Ostade, & son Portrait
d'après Dusart, par Gole.
* 209. Le Vielleux, gravé par Cor- 19   1.
neille Visscher.
* 210. La Grande Tabagie ou le Bal, 19   19

B iij

30 ESTAMPES.

gravé par Snyderhoef, pièce distinguée ; ancienne & belle épreuve.

75   1. *211 Le Coup de Couteau, gravé par Snyderhoef, cette Estampe est parfaite épreuve.

14   1. 212. Cinq Estampes des plus agréables compositions d'Ostade, gravées par Jean de Visscher.

12   213. Dix Estampes, savoir, trois grandes par Corneille Visscher, trois par Jean Visscher, & quatre par Snyderhoef.

Différens Maîtres.

20 16.* 214 Le Bal, gravé par Jean de Visscher, d'après Berghem, très beau d'épreuve.

77 17.* 215. Les Portraits de *Gallius de Bouma*, *Petrus Scriverius* & *Guilliam de Ryck* ; connus sous le nom des trois Barbes ; gravés par Corneille Visscher, ces trois Estampes sont superbes épreuves.

17 1. 216. Six Portraits gravés par Corneille Visscher, dont deux d'après Van-Dyck.

30   * 217. La Paix de Munster, d'après Geraert-ter-Burck, par Snyderhoef, épreuve brillante & ancienne.

14 5. 218. Sept beaux Portraits, gravés par Snyderhoef.

ÉCOLE DES PAÏS-BAS.

* 219. Le Reniement de Saint Pierre 53
d'après Gerard Segers, par Bolfwert,
épreuve de toute beauté.

* 220. Cinq Buftes, par Jean Lutma, 26 4.
dont quatre font gravés au maillet.

* 221. Une Sainte Famille de forme 72 19
Ovale, gravée par Goltzius; très belle épreuve.

222. Le Bain de Dianne & la Chafte 9 18
Sufanne, d'après Goltzius, par Saenredam; ces deux aimables Eftampes font recherchées.

223. Les Amours des Dieux, par Goltzius; 10 9
ces trois Eftampes ne font pas communes.

224. Quatre Eftampes de Goltzius, dont 8
le Chien.

225. Le Prince Ambroife Spinola & 15 2
l'Archiduc Albert, gravés par Jean
Muller, épreuves extrêmement belles,
& le Bufte de Henri IV, par Goltzius.

226. La Comteffe de Salyfbury, & le 7 5
Frere Antoine Leigh; ces deux Eftampes font gravées par Smith.

227. Trois Eftampes d'après C. Harlem, 6 19
par Saenredam, dont Adam &
Eve, beau d'épreuve, & la Chafte
Sufanne.

228. Sept Eftampes d'après Bloemaert, 11 16

B iiij

par Saenredam, dont l'Annonciation aux Bergers.

18   4* 229. Vertume & Pomone d'après Bloemaert, par Saenredam, & les trois Maries.

14 14.* 230. Mars & Venus, par Maetham, épreuve ancienne, & les quatre Heures du jour d'après K. Mandere.

5   12.231. Le Moutardier, le Hibou, & le Joueur de Musette, par Bloemaert, & un grand Païsage d'après ce Maître, par Saenredam.

38   * 232. Deux Pieces capitales de R. de Hooghe, dont une représente Philippe IV, descendant de son carrosse pour faire monter le Prêtre qui porte le S. Sacrement : l'autre est le Massacre des De Vit; ces deux Estampes sont superbes épreuves.

27 18 233. Dix-neuf Estampes de Goltzius, Saenredam & Muller.

8   2.234. Quinze Estampes de Muller, Matham & autres, dont Angélique & Medore, par Saenredam.

6.   235. Les Femmes sages & les Femmes folles, en cinq pieces, par Saenredam.

6   4.235. Dix Estampes de Spranger, Saenredam & autres.

7   4.237. Le Bain de Dianne d'après Paul

ECOLE DES PAÏS-BAS. 33

Morelfes, par Saenredam, & une Digue d'Hollande d'après Schellinckx, par Pieter Nolpe, ancienne épreuve.

238. Dix Eftampes, dont deux beaux Païfages en hauteur d'après Bloemaert, l'un eft gravé par Saenredam, l'autre par Matham, & une Adoration des Rois par Bolfverd.   6 19

239. Une fuite d'Animaux & Sujets de fantaifies en cinquante-fix pieces.   5.

240. Vingt-neuf Eftampes d'Hollar, dont la Cathédrale d'Anvers & la Bourfe.   24.

241. Quatorze beaux Portraits, d'après différens Maîtres, gravés par Hollar.   11 l.

242. Sept Eftampes d'après Adam Elsheimer, dont fix gravées par Goudt.   10 l.

243. Réjouiffances Flamandes; les Œuvres de Miféricorde & l'Enfant Prodigue; ces trois Eftampes font gravées d'après Teniers, par Le Bas.   8 11.

244. Trente & une Eftampes gravées par Teniers, Boel, Vfteen & autres.   10 18

245. Douze Eftampes, dont plufieurs d'une jolie compofition, gravées toutes par David Teniers; très belles épreuves.   20

246. Neuf Pieces d'après Berghem & Oftade, dont le Vielleux & le Coup de Couteau.   5 15

B v

247. Quatre Estampes des plus capitales d'après Gérard Seghers.

248. Les douze mois de l'année en six feuilles, gravés par Sadeler, d'après Paul Bril, bonnes épreuves, avant le nom de Marco Sadeler.

249. Une suite de douze Païsages & vues de Rivieres, d'après Van-Goyen, per J. de Visscher.

250. Dix-neuf Païsages d'après Vandermeulen & Genoels.

241. Cinq Estampes de Smith, savoir, Tarquin & Lucrece, d'après W. de Rijck; le Portrait de Schalcken, celui de Thomas Gill, Corelli, & le Petit Confesseur.

252. Sept Estampes de Corneille Visscher, dont la mort aux Rats, la Fricasseuse & la Bohemiene.

253. Six Estampes d'après Adrien de Uries, par Jean Muller.

254. Deux Estampes, dont les Gourmeurs, par Willamene, Piece recommandable de ce Maître.

255. Quatorze Estampes de J. Van-Nek & autres.

256. La Bataille des Hussards, par Stependael; le Coup de pistolet & le Clair de Lune, par Corneille Visscher, d'après Bamboche; trois au-

ECOLE DES PAÏS-BAS.   35

tres Estampes, dont une Tabagie d'après Brouwer, par Visscher; en tout six Estampes.

257. Sept Portraits gravés par Visscher & Snyderhoef. 7.

258. Soixante-six petites Estampes de Saints & Saintes, dont plusieurs d'après Rubens, connus sous le nom de Vellin; toutes gravées par Bolswert. Cette suite n'est pas facile à rassembler. 5 10

259. Cent trente-cinq petites Estampes de Saints & Saintes, gravées par Bolswert, Corneille Galle & autres. 4

260. Six Estampes de Muller, Saenredam & autres.

ECOLE FRANÇOISE.

Jacques Callot.

* 261. La petite Place de Sienne & la Pandore, premiere épreuve avant le foudre; ces deux Estampes sont parfaites. CALLOT. 12 1.

* 262. Les Géans foudroïés, par Jupiter, très belle épreuve, rare. 30

* 263. L'Eventaille, épreuve de la premiere beauté. 25 2.

36 ESTAMPES.

CALLOT. *264. *Supplicium sceleri frenum*, cette épreuve est de toute beauté.

265. S. Jean dans l'Isle de Pathmos : & le grand Rocher, Piece rare.

266. Le petit Portement de Croix de forme ovale en largeur, très beau d'épreuve, très rare : & la copie. La Tentation de S. Antoine : un Banquet, c'est le repas des Disciples d'Emmaüs, dont l'ombre est sans tailles croisées, Piece rare, & le petit Porte Dieu.

267. Les Joueurs de Boule, ou la Petite Foire, épreuve avant le nom de Callot.

268. Les grands Apôtres en seize Pieces : les petits Apôtres aussi en seize Pieces, ils sont avant les chiffres ; la Vie de la Vierge en quinze morceaux, y compris une double Annonciation avec différence, *Gloriosissima Virginis*, en neuf Pieces, dont plusieurs avant le nom de Callot ; le Martyre de S. Sebastien ; le Petit Martyre de S. Laurent, de forme ovale, & le Portrait de S. François, en tout cinquante-neuf Pieces.

279 Les grandes Miseres de la Guerre en dix-huit Pieces, & les petites en sept Pieces, anciennes épreuves.

270. La Noblesse en douze Pieces, &

ECOLE FRANÇOISE.　　57

les Gueux en vingt-cinq Pieces.　　CALLOT.

271. Les Caprices, gravés à Florence　7　16
en cinquante-deux Pieces, y compris
la Petite Fileuse & son pendant ; les
Varie Figure en dix-sept Pieces ; les
Balli en vingt-quatre Pieces, & les
Varie Figure Gobbi en vingt & une.

272. Le Parterre de Nanci ; la Carrie-　9　12
re & la Chasse, de forme oblongue,
avant le nom de Silvestre, ces trois
Estampes sont belles épreuves.

273. Les Portraits de Côme II, & de　11　5
Peri ou le Jardinier, la Belle Jar-
diniere, le Titre de la Sainte Apo-
catastase ; les Miracles de Notre-Da-
me de Bon-secours ; les Penitens &
le Titre des Regles de la Congréga-
tion.

274. Les Mysteres de la Passion de No-　18　2
tre-Seigneur, & la Vie de la Vierge
en vingt & une Pieces compris le
titre, les quatre Banquets, les Sept
Pechés mortels, & le petit Enfant
Jesus, toutes épreuves avant le nom
de Callot ; les trois Sacrifices ; la
grande Passion en huit Pieces y compris une Piece gravée par Silvestre,
rès bonnes épreuves : en tout quarante-cinq Estampes.

275. Neuf Estampes, savoir, les qua-　6　12

CALLOT. tre Bohémiens, les quatre Païſages & la Petite Treille ; toutes belles épreuves.

8   1. 276. Trente Eſtampes, dont la Vie de l'Enfant Prodigue en onze Pieces, le Nouveau Teſtament, le *Benedicite*, le Jeu du Berlan & autres.

77.   277. La Foire Florence & celle de Nanci ; ces deux belles & grandes Eſtampes ne ſe trouvent pas aiſément.

Sebaſtien Le Clerc.

17   1.* 278. L'Académie des Sciences, épreuve avant l'ombre ſous la regle, & l'Entrée d'Alexandre dans Babylone.

6   1. 279. Les mêmes Eſtampes, avec la différence que l'Académie des Sciences eſt avec l'ombre ſous la regle.

24   1. 280. L'Entrée d'Alexandre, avec la tête retournée, épreuve d'une belle condition ; rare.

15   1.* 281. Le grand Berger ou le *Parvulus*, & la Multiplication des Pains, ces deux Eſtampes ſont avant la Lettre.

5   10 282. Onze Pieces, dont l'Hiſtoire de Pſiché, & la Vignette de Tivolie.

19   6 283. Les deux Apothéoſes d'Iſis avec différences, le Catafalque du Roi de Suede avant la Lettre, & celui du Chancelier Séguier.

* 284. Deux Estampes, dont une ou l'on 9   12
voit des Religieux pêchant du poisson;
épreuve avant la lettre, rare.
285. *Pastor Fido* en sept Pieces, *Filli* 1   19
di Sciro en sept Pieces sans titre; la
Gierusalem liberata, en vingt & une
Pieces, le Portrait du Tasse manque,
& huit feuilles d'Animaux, en tout
soixante-neuf Pieces.
286. Soixante & dix-sept Estampes, 9   6
dont le Titre des Religions de tous
les Roïaumes du monde, celui de
Bibliotheca Thuana; le Camouflet; le
Mariage du Duc de Bourgogne, &c.

Bernard Picart.

287. Quatre Estampes, dont le Massa- 13   15
cre des Innocens, première épreuve
avant la Couronne; le Titre du Dictionnaire Historique, celui des Métamorphoses d'Ovides, &c.
288. Sept Pieces, dont Charles Premier 24
décapité, & Marie Stuart, Reine
d'Ecosse.
* 289. Le Couronnement de l'Impéra- 3   13
trice de Russie, & le Chiffre.
290. Vingt-deux Epithalames, dont qua- 37   5
tre Contre-épreuves & quatre Eauxfortes: cet article est très interressant,
tant par la beauté des Sujets que par

PICART. rapport à la perfection des épreuves.

3   291. Douze Estampes ; Vignettes & Lettres, belles épreuves.

8   19   292. La tenue des Etats de Languedoc, grande Piece, l'Iliade d'Homere, en vingt-cinq Pieces, le Portrait de la Fontaine, & sept Titres, dont celui de l'Abbé de Villiers : en tout trente-quatre Estampes, épreuves de choix.

7.   293. Le Portrait de M. Quinquempoix; l'Agiot, de deux épreuves différentes; une Résurrection d'après Picart, par Broen, le Titre de la Bible de Vander-Marck, celui des Religions du Monde ; le Triomphe de la Peinture, & la rue Quinquempoix, inventée & gravée par Humblot : en tout huit Estampes.

3   t.   294. Soixante-quatre Pieces gravées par Bernard Picart & autres.

Hyacinthe Rigaud.

36   1.*   295. Le Portrait de M. Bossuet, Evêque de Meaux, gravé par Drevet; épreuve d'une extrême beauté.

16   6*   296. Le Maréchal Duc de Villars, gravé aussi par Drevet, premiere épreuve brillante & parfaite.

ÉCOLE FRANÇOISE. 41

297. Le Cardinal Fleury, par Drevet, RIGAUD. épreuve admirable. 13
298. Le Cardinal de Bouillon, gravé 5 5
par Preisler, & le Portrait de Rigaud, par Edelinck.
299. Neuf Portraits, dont Madame de 21.
Nemours, la Duchesse d'Orléans, par Simonneau, M. de Vintimille, & le Cardinal Dubois, par Drevet.
300. Vingt-huit Portraits, gravés par 17 19
Edelinck, Drevet & autres.
301. Sept Portraits d'après Rigaud & 14 1.
Largilliere, dont Charles d'Hozier, Mlle Duclos & deux épreuves du Petit Keneler, l'une avant l'écriture, & l'autre avant la partie du fond à droite.

Masson.

*302. Deux Portraits de réputation, 14 2.
qui sont, le Brisacier avant l'écriture, & Gaspard Charrier, parfaits d'épreuves.
*303. Le Portrait du Maréchal d'Har- 21 19
court, appellé communément Cadet la Perle, d'après Mignard; très beau d'épreuve.

Nanteuil.

*304. L'Avocat d'Hollande, & M. de 10

Pompone, ces deux Estampes sont superbes épreuves.

21 1. 305. Sept Portraits, dont Jean d'Autriche & le Petit Milord, rare.
7 10 306. Quinze autres Portraits, dont ceux de Loret, Chapelain & Sarrazin.

Edelinck.

16 1.* 307. Le Portrait de *Dilgerus*, fameux Medecin, rare.
2 11. 308. Douze jolis petits Morceaux de choix, gravés par Edelinck & Roullet.

Mellan.

15 * 309. Le Portrait de Justinian, rare: & la Sainte Face.

Différens Maîtres.

21 310. M. le Comte de Saint-Florentin d'après Tocqué, par Will.
6 18 311. Quatre Estampes d'après Mignard, dont trois Sujets de Vierge gravées par Poilly, la quatrieme représente la Peste d'Eaque, gravée par Audran, premiere épreuve.
10 4 312. Trois Saintes Familles, d'après Sébastien Bourdon, gravées par Van-

ECOLE FRANÇOISE.

Schuppen, Poilly, & Natalis; 12 1.
Saint Jean l'Evangeliste, d'après le
Brun, par Poilly, premiere Epreuve
avant l'écriture : ces quatre Estampes
font belles Epreuves.

313. Hercule & Omphale; Andromede 20 19
attachée au Rocher; Venus au bain,
& le Tems qui enleve la Vérité : ces
quatre Estampes sont gravées par Cars,
d'après François de Moine.

314. Douze Estampes d'après le Moine, 20 19
Vanloo, & autres.

315. Quatorze Estampes d'après de 7 10
Troy, Boucher, &c.

316. Six Païsages d'après le Poussin, 2.
quatorze Vues de Rome & des environs, par Perelle, & dix-huit Païsages
gravés par M. Dargenville, & autres.

317. Seize Païsages gravés par Baudet 4 1.
& Brou, d'après Sébastien Bourdon;
Epreuves anciennes.

318. Douze Païsages, inventés & gra- 3 7.
vés par Sébastien Bourdon, beaux
d'Epreuves.

319. Six Païsages gravés par Focus. -- 1 12.

320. Vingt-quatre Estampes de Claude 12
Gelée, dit le Lorrain, & Dominique
Barierre.

321. Quinze Portraits d'après différens 7 19
Maîtres, par Will, Balechou, &
autres.

3 10 322. Dix-neuf Portraits, dont dix gravés par Edelinck.
1 11 323. Vingt Portraits de différens Maîtres.
3   324. Dix-huit Portraits d'après de Troy, Vanloo, Largilliere.
3   325. Trente-deux Portraits, dont Mouton par Edelinck, & Mezetin par Vermeulen, d'après de Troy.
7   326. Dix-huit Portraits d'après Largilliere, & autres.
2 16 327. Trente-un Portraits gravés par Edelinck, Pitau, &c.
2 16 328. Dix-huit Portraits de différens Maîtres, dont le Prince de Savoie, par Picart.
3 1. 329. Trente-huit Portraits par Edelinck, Maſſon, & autres.

ESTAMPES
DES TROIS ECOLES.

330. Trois grandes Estampes de Vander Meulen, dont le Pont-Neuf en trois Pieces, par Huchtenburg. 4 2.

331. Quarante-neuf Portraits gravés par Preisler, Will, &c. 3 4

332. Quarante-quatre Estampes, dont une suite de Figures Chinoises, en douze Pieces d'après Watteau. 2 19

333. Cinquante Estampes de différens Maîtres. 1 11.

334. Vingt-quatre Estampes de Vouer, Bourdon, Mignard, Watteau, & autres. 3 5

335. Trente-six Estampes d'après différens Maîtres. 6 12.

336. Quarante-quatre Portraits, dont celui de Champagne, par Edelinck. 5 19

337. Onze Estampes d'après Vandermeulen & Genoëls. 3 12.

338. Dix-sept Estampes d'Albert Durer, dont la Pandore, l'Enfant Prodigue, la Vierge à la Pomme, & deux d'a- 20 1.

46 ESTAMPES DES TROIS ÉCOLES.
près ce Maître, gravées par Sadeler.

339. Huit Estampes d'après Bloemaert & Corneille de Harlem, gravées par Saenredam.

340. Cent vingt-six Estampes de Tempeste.

341. La Colonne Trajanne en cent trente Pieces.

342. Vingt-six Estampes de Hollar, Fouquières, Francisque & Vander Cabel.

343. Sept grandes Estampes de Goltzius, Nicolas de Bruyne & autres.

344. Quatre-vingt-cinq Estampes, dont onze Pieces de Théodore de Bry.

345. Dix-neuf Estampes, dont plusieurs d'Annibal Carrache, entre autres est un Saint Jerôme; beau d'épreuve.

346. Quatre-vingt-trois Estampes, dont plusieurs par le Clerc. *partie*

347. Dix-neuf Estampes de différens Maîtres.

348. Cinquante-cinq portraits de Kilian Van-Schuppen, & autres.

349. Soixante-onze Portraits de Nanteuil, Kilian, &c.

350. Quarante-deux Portraits, dont plusieurs peu communs.

351. Cent soixante-douze Portraits, d'Architectes, Peintres, Sculpteurs

2 18. 346 autre partie une vierge ou Sainte famille du Bourdon gravé par Natalis

& Graveurs ; par Hollar, Smith, Morin, Picart, Edelinck, Masson & autres : cette suite est interessante.

352. Cinq grandes Pieces qui sont le Massacre des Innocens en deux feuilles, d'après le Brun par Loir ; le Jugement de Salomon d'après Cazes par Sornique ; une Présentation au Temple, d'après Michel Corneille par Audran, & deux Estampes d'après Jouvenet. 7 1.

353. Quatre Estampes d'après les Tableaux de Jouvenet qui sont à Saint Martin des Champs, & une d'après celui qui est aux Chartreux. 17. 6

354. Le Frappement du Rocher, d'après le Poussin, par Claudia Stella. 12.

355. Louis XIV, d'après Rigaud par Drevet ; ancienne Epreuve. 10 1.

356. La Bataille de Constantin en trois feuilles ; le Triomphe d'Alexandre en quatre feuilles d'après le Brun, & la Bataille de Porus en trois feuilles, d'après Gobert par Picart. 12.

357. La Myologie complette en couleur & grandeur naturelle, composée de l'Essai, & de la suite de l'Essai d'Anatomie en Tableaux, imprimés par M. Gautier, en vingt-trois Estampes avec les explications. 14.

48 ESTAMPES DEE TROIS ÉCOLES.

4　5　358. Soixante-seize feuilles d'Ornemens de Berain.
1　17. 359. Soixante-trois Estampes de Chasses par Tempeste.
2　8. 360. Quarante-quatre Estampes, dont plusieurs vues de Villes.
3　361. Quarante-huit Estampes de Martin de Vos, Adrian, Collaert & autres.
2　16. 362. Vingt-une Estampes des Arts & Métiers de Stradam, gravées par Philippe Galle & Jean Collaert; anciennes Epreuves.
3　363. Cinquante-trois Chasses, par Stradam.
2　16. 364. Quarante-neuf Estampes de différens Maîtres.
6　14. 365. Cinquante-sept Estampes de Tempeste & Crispin Pass.
2　15. 366. Quarante-neuf Estampes de Pierre Isach, & trente-sept petits Portraits.
1　1. 367. Cinquante-cinq Portraits de différens Maîtres.
3　1. 368. Cent-cinq Portraits, *idem*.
2　15. 369. Un paquet de Theses & Cartes.
57.　9 370. Un Porte-feuille contenant des Estampes qui seront divisés en plusieurs Lots. *Scauvir en 7 lots*

LIVRES

LIVRES D'ESTAMPES.

371. Les Métamorphoses d'Ovide 12 en rondeaux, de l'Imprimerie Roiale, édition de M. DC. LXXVI. avec figures par le Clerc & Chauveau, vol. in-4°.

372. Les Statuts de l'Ordre du Saint Esprit avec vignettes de le Clerc, de l'Imprimerie Roiale, édition de M. DCC. XXIV. vol. in-4°, maroquin doré sur tranche. 6   *

373. L'Office des Chevaliers de l'Ordre 3
du Saint Esprit, *in-16*. relié en maroq.

374. Traité de Géometrie, par Sébastien 3   12.
le Clerc, édition de M. DC. XC.

375. Pratique de la Géométrie, par Sé- 2   10
bastien le Clerc avec figures, édition
de M. DC. LXIV. vol. in-12.

376. La même Pratique de Géometrie, 2   5
édition de M. DC. LXXXII. *in-12*.

377. Saint Paulin Evêque de Nole, avec
une Epitre Chrétienne sur la Pénitence, enrichis de figures par le Clerc,
édition de M. DC. LXXXVI. *in-8*.

378. L'Histoire Sacrée de Brianville, 7   18

C

50 LIVRES D'ESTAMPES.
avec figures de le Clerc, édition de M. DC. LXXVII, 3 vol. *in*-12.

379. Les Emblêmes sacrées de V. Borcht, en cent Pieces, reliées en parch. *in*-4.

380. Les Métamorphoses inventées & gravées par Wilhelm Baur, en cent cinquante-une Pieces compris le titre. *in*-4.

381. Vingt-trois Estampes de Crispin de Pass, & six gravées par de la Hire. *in*-4.

382. La Navigation & le Voïage de la Turquie, par M. *Darsevilla*, enrichi de soixante figures gravées en bois, d'après les Desseins de Titien, édition d'Anvers, M.D. LXXVI. *in*-8.

383. Les Amours Pastorales de Daphnis & de Cloé, avec figures. *in*-12.

384. Le Cabinet des Singularités de Peinture, Sculpture, Architecture & Gravure, par Florent le Comte, 3 vol. *in*-12.

385. Les Monumens de Rome, ou Description des plus beaux Ouvrages de Peinture, de Sculpture & d'Architecture, qui se voient à Rome & aux environs. *in*-12.

386. Recueil des Descriptions de Peintures, & d'autres Ouvrages faits pour le Roi. *in*-12.

387. Explication des Tableaux de la

LIVRES D'ESTAMPES. 51

Galerie de Versailles, & de ses deux Sallons, enrichie de Vignettes, par le Clerc, vol. in-4°. *avec le n° 395*

388. Description des Tableaux du Palais Roïal, avec la vie des Peintres à la tête de leurs Ouvrages. *in*-12.   1   6

389. Les Premiers Elémens de la Peinture-Pratique, enrichis de figures de Proportion, mesurées sur l'Antique, dessinées & grav. par J. B. Corneille, Peintre de l'Académie Roïale. *in*-12.   2   19

390. Les figures de l'Ancien Testament, édition de Lyon, avec un Discours Italien, *in*-12. relié en parchemin.   10

391. Les Impostures Innocentes, par Bernard Picart, relié en veau.   19   3

392. *Augustissimorum Imperatorum, Serenissimorum Regum, atque Archiducum Illustrissimorum, Principum,* &c. vol. *in*-12. relié en veau.   7

393. Abregé de la Vie des Peintres, avec des Réflexions sur leurs Ouvrages, & un Traité du Peintre parfait, de la connoissance des Desseins, & de l'utilité des Estampes. *in*-12.   2   8

394. Quatre volumes *in*-12., savoir : Le Catalogue raisonné de M. Angrand, Vicomte de Fonspertuis, par Gersaint, avec les Prix 1747. Catalogue de M. de Lorangere, avec les   3

Le quatrième catalogue   C ij   1   10

52 LIVRES D'ESTAMPES.

Prix 1744. Catalogue de M. de la Roque, avec les Prix 1745.

Collection considérable de Curiosités, 1737.

395. Abregé de la Vie de Raphaël, trad. de l'Italien par Daret, Graveur. *in-16.*

396. Catalogue de Rembrandt, par Gersaint, & mis au jour avec des augmentations, par les Sieurs Helle & Glomy 1751, broché. *in-12.*

APPENDIX.

Estampes en feuilles.

397. UNE suite complette de Bas-reliefs & Figures antiques, en soixante Pieces, gravées par Bernard Picart.

398. Les Fêtes données en Hollande au Roi Guillaume, en seize Pieces, par R. de Hogue.

399. Dix-sept Païsages, d'après Ricci & Berghem, gravés par *Marci Jampicoli*, & autres.

400. Un Porte-feuille contenant des Estampes des trois Ecoles, qui seront divisées en plusieurs parties.

CATALOGUE
D'ESTAMPES

Appartenantes à une Direction de Créanciers.

401. LA Pompe de Ferdinand d'Autriche Infant d'Espagne, grand *in fol.* relié en parchemin. 20

402. Les Empereurs & Imperatrices du Titien, gravées par Sadeler, vol. *in-fol.* 4 15

403. Sept grandes Estampes composées & gravées par Huchtenburg, anciennes Epreuves. 12 2.

404. Trois Estampes gravées par Snyderhoef, dont la Paix de Munster, d'après Ter Burch, & deux Portraits d'après F. Hals. 8 1.

405. Six Estampes gravées par Corneille Visscher, toutes belles Epreuves; savoir, les Portraits de *Gellius de Bouma, Franciscus Valdesius, Janus Dousa, Magdalena Moonsia, Robertus Junius*, d'après Palamede, & une Tabagie, d'après Brower. 17

406. Sept Estampes de Corneille Vis- 8

C iij

fcher, dont la Bohemiene, la Mort aux Rats, le Chat, l'Indien ou l'Américain, la petite Vieille, &c.

8   407. Vingt-huit Estampes inventées & gravées par Luyken : toutes belles Epreuves.

5 11. 408. Trente-sept Estampes d'après Berghem, gravées par Jean de Visscher & Danckerts.

59   409. L'Œuvre d'Adrien Van-Ostade en cinquante Pieces, inventées & gravées par lui-même, & son Portrait par Gole : Epreuves anciennes, elles sont toutes d'une grandes perfection.

15 3 410. Huit Estampes, d'après Ostade, dont le Coup-de-couteau & la grande Tabagie, gravées par Snyderhoef.

Rembrandt-Van-Rhein.

7 10 411. Vingt Estampes, dont l'Eunuque de Candas, la petite Samaritaine, les Vendeurs chassés du Temple, l'Enfant Prodigue, la petite Tombe, &c.

6 15 412. Huit Estampes, dont l'Annonciation aux Pasteurs, Joseph & Putiphar, &c.

8 3 413. Vingt-une Estampes, dont la Faiseuse de Koucks.

19 9 414. Vingt Estampes, dont trois Païsages.

ESTAMPES.

415. Plusieurs Fuites en Egypte; le Docteur *Fautricus*, ou le Magicien; le petit Orfevre, & autres; en tout vingt-quatre Estampes. 12 -

416. Huit Estampes de Van-Uliet, Portraits & Sujets: très belles Epreuves. 9

417. Trente-cinq Estampes de Jean Livius, Koninck, Van-Uliet, & autres. 9

418. Six Estampes d'après Wauvremens, dont quatre gravées par Jean de Visscher, les deux autres sont de Dancherts. 4 ?

419. Quarante-six Estampes gravées par *Vincestaus*, *Hollar*, dont douze Chasses, d'après Barlow, neuf Animaux, d'après Albert Durer, & autres Maîtres, trois petits Sujets d'Adam Elsheimer, &c. 12 19

420. Dix-huit Estampes d'après Bassan, dont les quatre Saisons, la Laitière, & autres Pieces gravées par Sadeler. 18

421. Les douze Mois de l'Année, par J. V. Velde, & vingt-six autres Pieces, dont plusieurs d'Adrien Wan de Veld. 12

Pierre-Paul Rubens.

422. Les douze Empereurs, gravés par 4 19

RUBENS. Vosterman, Pontius, Withouc & Bolswert : toutes Epreuves parfaites.

21 19 423. Six Estampes, dont la Chaste Susanne, par Pontius.

8 424. Six grandes Estampes gravées par Pontius, Bolswert & Lauwers.

12 1. 425. Six Estampes, dont le Serpent d'airain, par Bolswert, la Paix & l'Abondance, par Van-Dalen, &c.

9 10 426. Douze Estampes, Paisages & Sujets.

8 427. Quatre grandes Chasses gravées par Soutman.

10 428. Douze Estampes, Portraits & Sujets.

12 429. Onze Portraits, dont ceux de Lucas & Corneille de Waet, Thomas Wentworth, Sainte Rosalie, par Paul Pontius, d'après Van Dyck.

5 19 430. Trois Estampes d'après Diepenbeke, & un Portrait par Vosterman, d'après Segers.

6 431. Treize Estampes, Sujets d'Animaux, gravées par Vanlaer, & deux d'après ce Maître, par Corneille Visscher.

5 432. Le Portrait de Goltzius, gravé par Snyderhoef, & celui de *Theodorus Csrnhertius*, par Goltzius.

15 433. Vingt Estampes de Sadeler, Golt-

ESTAMPES. 57

zius, Bloemaert, & autres.
434. Neuf Estampes d'après *Quellinus*. 6.
435. Soixante-neuf Païsages, d'Huysmans, *Fabricius* Dubourg, & autres. 6.
436. Trente-un Païsages gravés à l'eau-forte, par Genoels, & douze Estampes de Chevaux & Figures, par Stoop. 7.
437. Cinquante-six Estampes d'Herman Van-Suavel, Perelle, & autres. 6. 2
438. Douze Estampes d'Animaux, inventées & gravées par Paul Jordans, douze autres de J. Henry Roos, quarante-huit Païsages de Waterlot, douze d'après Van-Goyen par J. Visscher, huit d'après Van-Nieuland, par Picter Nolpe, & quatre de Vander Cabel. 11. 1.
439. Cent vingt-six Estampes, d'après Gaspre Poussin, Zeeman, & autres. 12. 10
440. Soixante-quatorze Estampes de Goltzius, Lingelback, & autres. 9. 11
441. Quarante-quatre Estampes, dont plusieurs gravées par Berghem. 10. 4
442. Un Carton & un Livre de papier bleu, relié en parchemin.

ARTICLES OMIS

DE LA PREMIERE COLLECTION.

144. 12.443. Un Porte-feuille de Deſſeins & Eſtampes.
21. 14.444. Pluſieurs Porte-feuilles & Cartons.

FIN.

APPROBATION.

J'A i lû, par ordre de Monſeigneur le Chancelier, le Manuſcrit intitulé : *Catalogue de Deſſeins, Eſtampes, &c.* & je n'y ai rien trouvé qui en pût empêcher l'impreſſion. A Paris, ce 28 Janvier 1758.

COCHIN.

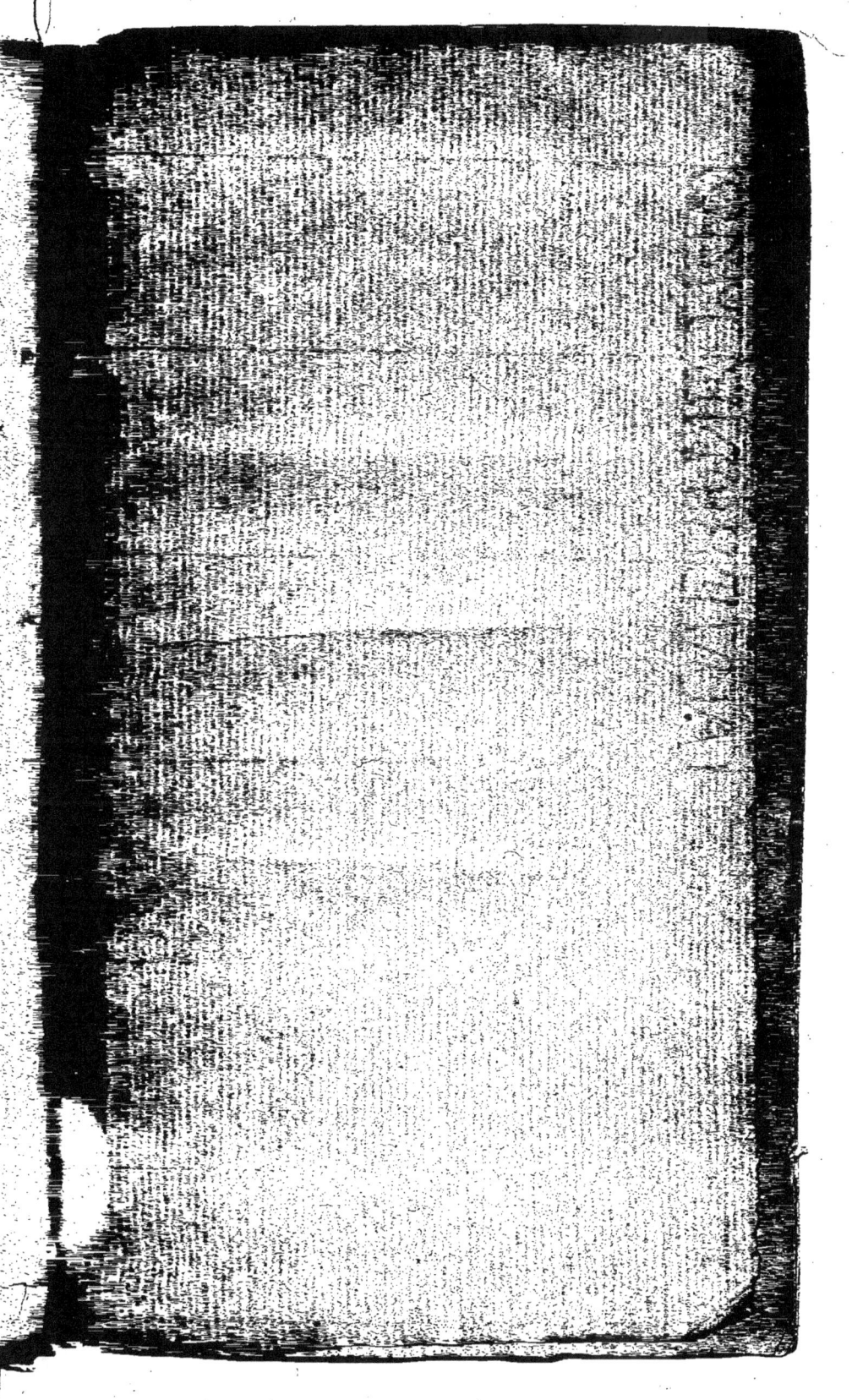

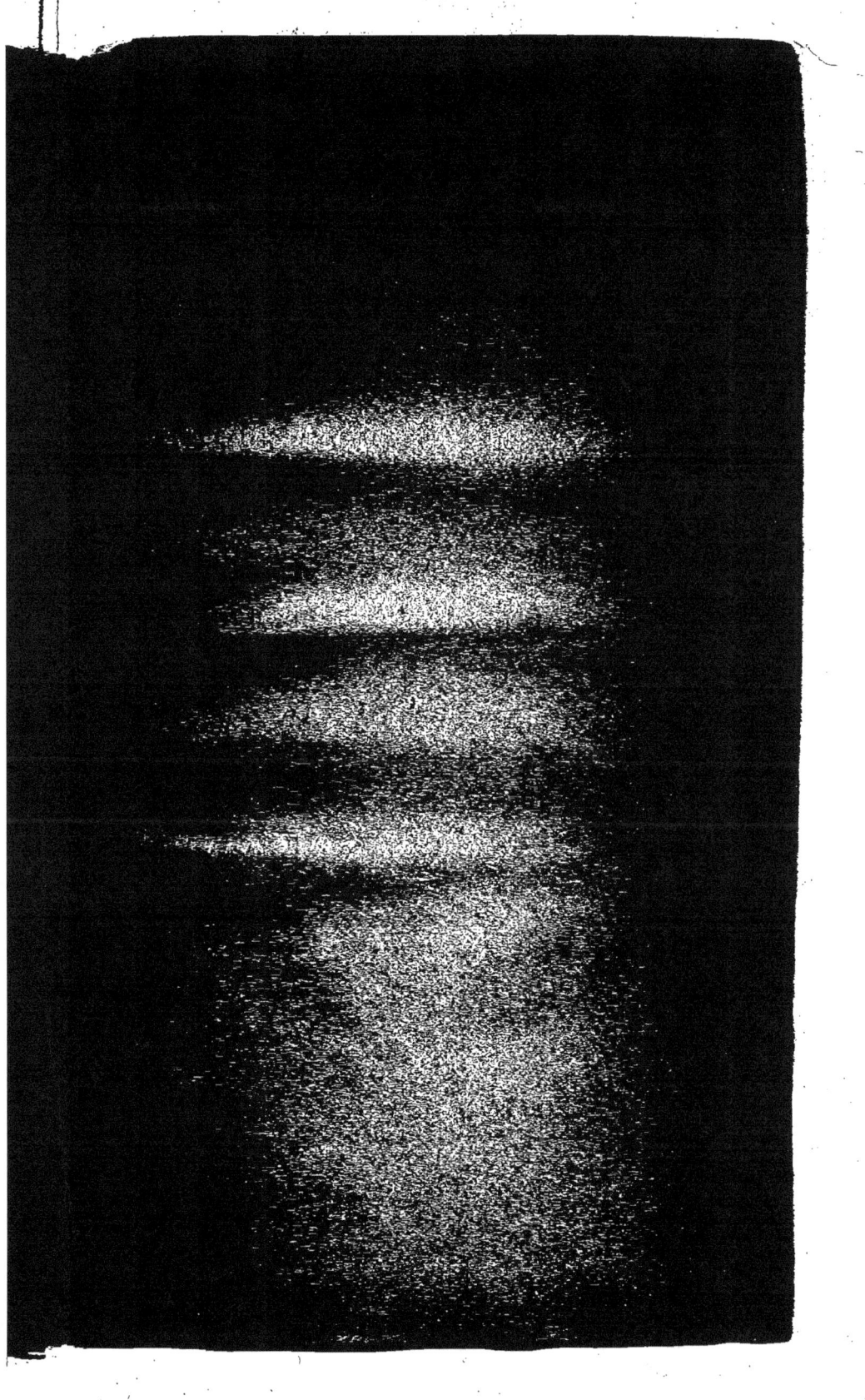

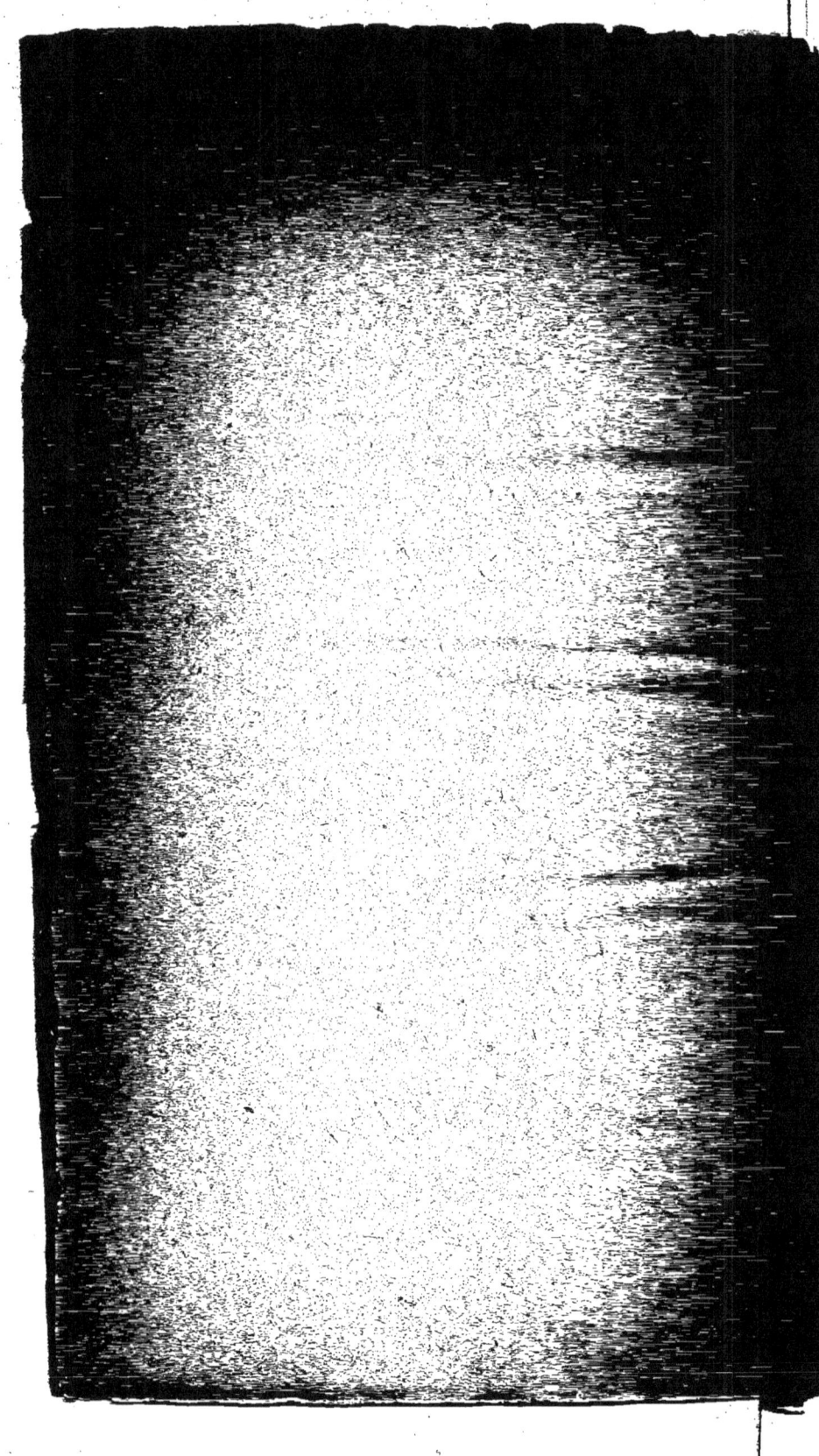

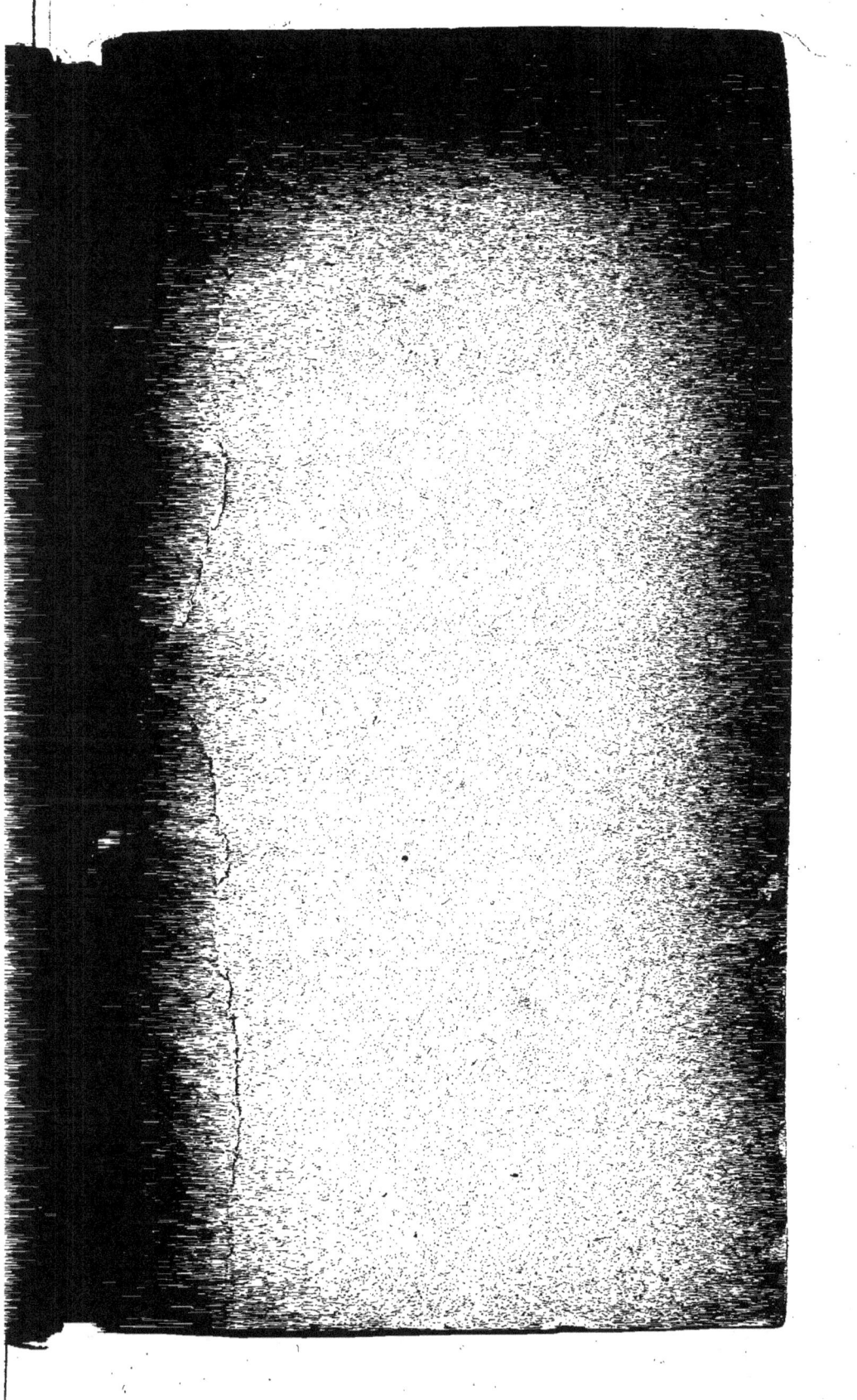

www.ingramcontent.com/pod-product-compliance
Lightning Source LLC
LaVergne TN
LVHW051455090426
835512LV00010B/2164